Happy cooking

[illegible] 01

Anton Mosimann

Mosimanns natürliche Küche

Guten Gewissens geniessen

Inhalt

Man nehme

So fingen zu Urgrossmutters Zeiten alle Rezepte an. Und gingen in diesem belehrenden Ton weiter, ganze Kochbücher lang.

Heute jedoch soll ein Kochbuch vor allem eines vermitteln: Genuss beim Schauen, Lesen, Kochen und Essen. Mit Rezepten, Bildern und Texten, welche auch die Tatsache widerspiegeln, dass sich der Geschmack, die Kücheneinrichtung sowie das Angebot an Nahrungsmitteln stark verändert haben, und nicht zuletzt das Bewusstsein, wie wichtig die Ernährung für unsere Gesundheit und unser Wohlbefinden ist.

Anton Mosimann, König der Köche und Koch der Könige, führt Ihnen im vorliegenden Buch mit Vergnügen vor, dass eine vernünftige, ausgewogene Ernährung weder eintönig noch geschmacklos sein muss, sondern sich auf höchstem kulinarischem Niveau bewegen kann. Seine 20 exklusiven Rezepte, von der Vorspeise bis zum Dessert, ob Fisch, Fleisch oder Gemüse, folgen alle der Philosophie seiner «Cuisine naturelle», sind mit Lust und Liebe auch in der Alltagsküche nachzukochen und schmecken himmlisch. Geniessen Sie unter Anleitung eines der weltweit berühmtesten Meister der Kochkunst das Leben, Sie brauchen dabei kein schlechtes Gewissen zu haben.

In diesem Sinn: gesunden Appetit!

Anton Mosimann

Ein Starkoch zum Anfassen

Mit einer ausgewogenen Mischung aus Organisationstalent, Präzision, Entdeckungslust, perfektem Handwerk und untrüglichem Geschmack ist Anton Mosimann heute zu einem der grössten Kochkünstler der Welt, sicher aber zum derzeit berühmtesten und international erfolgreichsten Schweizer Koch geworden.

Wir haben ihn für dieses Kochbuch in London besucht und dort bei ihm hinter die Kulissen geschaut.

King of Chefs, Chef of Kings

1947 in Solothurn geboren und in Nidau bei Biel aufgewachsen, startete er nach seiner Kochlehre in Twann eine steile und rasche Karriere. Seine Wanderjahre führten ihn durch die Küchen namhafter Hotels in Italien, Kanada und der Schweiz. An der Expo'70 in Osaka liess er mit seinem kulinarischen Angebot im Schweizer Pavillon aufhorchen. Und 1975 wurde er im Alter von erst 28 Jahren der jüngste Maître Chef des Cuisines in Londons bekanntem Luxushotel The Dorchester. 13 Jahre wirkte er, zuletzt als Director of Cuisines, an der Park Lane und machte das Hotel Dorchester mit zwei Michelin-Sternen zu einer ersten Adresse für Feinschmecker aus aller Welt.

In London, das ihm zur zweiten Heimat geworden war, erfüllte sich Anton Mosimann einen Traum und eröffnete 1988 am Belgrave Square seinen exklusiven Member-Club «Mosimann's».

Dort zu tafeln ist zu einem «Muss» geworden für Prominente, die in Wirtschaft, Kultur und Politik den Ton angeben oder einfach höchste Kochkunst schätzen. Immer wieder kocht er auch für das britische Königshaus und britische Regierungschefs, an Galadiners rund um den Globus, am britischen und Schweizer Fernsehen sowie in der von ihm gegründeten «Mosimann's Academy».

„Nicht Hunger, sondern Qualität ist der beste Koch"

Dass er dabei seine Solothurner Wurzeln nie vergessen hat, zeigt das neue Château Mosimann oberhalb von Olten, mit dem die Idee eines privaten Member-Clubs auf höchstem Niveau auch in der Schweiz Einzug gehalten hat.

Seine geschmacklich exzellente und gesundheitlich bekömmliche Küche nach der Philosophie der «Cuisine naturelle» hat Anton Mosimann unzählige Auszeichnungen, Preise, Medaillen und Ehrendoktortitel eingebracht, wie etwa 1995 die Titel «Swiss Culinary Ambassador of the Year» und europäischer «Koch des Jahres», 1998 den «Honorary Doctor of Science» der englischen Bournemouth University und kürzlich den «Award of a Royal Warrant to HRH The Prince of Wales for Catering Services».

Es ist Anton Mosimanns Geheimnis, wie er daneben noch Zeit findet, sich mit Jogging und Squash körperlich fit zu halten, alte Kochbücher zu sammeln und neue zu schreiben.

So wie er zum vorliegenden Kochbuch 20 abwechslungsreiche Rezepte entwickelt hat, mit denen er sicher viele neue Fans seiner natürlichen Küche dazugewinnen wird.

Wer nichts vom Essen versteht, versteht auch nichts vom Kochen

Wenn es um die Grundsätze einer vernünftigen Ernährung geht, kann der sonst so charmante Anton Mosimann energisch werden:

«Was waren das für Zeiten, als unseren Eltern ein Essen nur dann als Genuss vorkam, wenn ihnen buchstäblich das Fett vom Kinn troff. Fette Suppen, fettes Fleisch, schwere Buttersaucen und zum Abschluss eine doppelte Portion Schlagrahm: so stellten sie sich das Schlaraffenland vor.»

Von einer solchen Denkweise hat sich Anton Mosimann schon lange und radikal verabschiedet. Die «Cuisine naturelle» stellte 1985 den Beginn seiner neuen Koch- und Ernährungsphilosophie dar. Wie alle guten Dinge im Leben ist sie ganz einfach, denn es geht Mosimann vor allem um eines: Vorsicht vor zu viel und vor den falschen Fetten!

Damit stimmt er mit so gut wie allen Ernährungsfachleuten überein. Auch diese beklagen, gestützt auf Statistiken, dass wir heute allgemein zu viele Kalorien vor allem in Form von Fett zu uns nehmen.

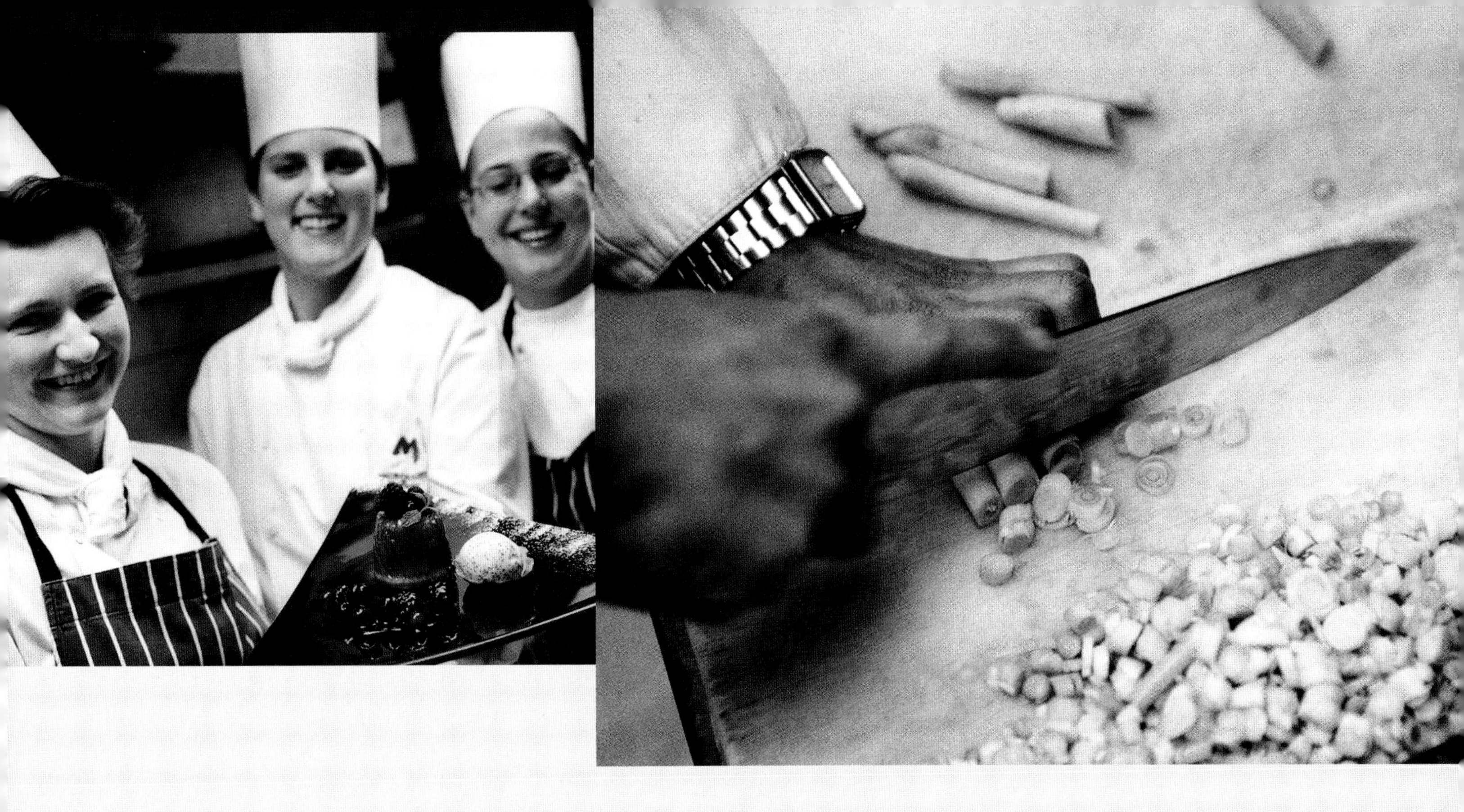

„Gerade beim Fett gilt: Allzu viel ist ungesund"

Der zu hohe Fettkonsum ist erwiesenermassen Mitverursacher vieler Krankheiten, zu denen besonders Herz- und Kreislauferkrankungen zählen.

Fett ist aber besser, als sein Ruf vermuten lässt. Zum Beispiel als unerlässliches Transportmittel für die fettlöslichen Vitamine A, D, E und K und Lieferant der wichtigen mehrfach ungesättigten essentiellen Fettsäuren. Ausserdem weist Fett eine gut doppelt so hohe Energiedichte wie Kohlehydrate oder Eiweiss auf. Deshalb ist Fett die beste Speicherform für Energie (1 g Fett enthält 9 kcal) und erfüllt als Wärmeisolation und Schutz empfindlicher Organe eine wichtige Aufgabe. Aber aufgepasst: Durch zu hohen Fettkonsum wird überschüssiges Fett im Körper gespeichert und führt zu Übergewicht mit all seinen gesundheitlichen Risiken.

Wer sich für eine gesunde, fettarme und cholesterinbewusste Ernährung entscheidet, beschränkt sich auf maximal 60–80 g Fett pro Tag.

MOSIMANN'S

Nicht alles ist verboten, aber auch nicht alles ist erlaubt

Cholesterin ist eine fettähnliche Substanz, die im menschlichen Körper zahlreiche wichtige Funktionen erfüllt. Es ist Bestandteil der Zellwände und Ausgangssubstanz verschiedener Hormone, überdies wird es für die Herstellung der verdauungsfördernden Gallensäure benötigt.

Cholesterin wird zum grossen Teil vom Körper selbst produziert, aber ihm auch über die Nahrung zugeführt. Ein zu hoher Cholesteringehalt im Blut fördert Herz- und Kreislauferkrankungen wie zum Beispiel Gefässverengung (Arteriosklerose).

Wo lauern die meisten Cholesterine?

In einer cholesterinbewussten Ernährung sind Nahrungsmittel mit hohem Cholesteringehalt (vor allem Innereien, Eigelb, Meeresfrüchte, Butter und Vollmilchprodukte) nicht gerade untersagt, jedoch mit Mass zu geniessen.

Ausser vom Konsum cholesterinhaltiger Lebensmittel ist der Cholesteringehalt im Blut auch von der Art der verzehrten Fette abhängig.

„Haben Sie auch die Cholesterine im Griff?"

Tierische Lebensmittel
enthalten vorwiegend gesättigte Fettsäuren. Ein Zuviel davon führt zu einer ungesunden und unerwünschten Erhöhung des Blutcholesterins.

Pflanzliche Lebensmittel
enthalten vor allem einfach und mehrfach ungesättigte Fettsäuren. Sie sind für unseren Körper zum Teil lebensnotwendig und helfen sogar mit, den Cholesterinspiegel im Blut zu senken. Pflanzliche Fette sind daher den tierischen unbedingt vorzuziehen!

Gesättigte Fettsäuren:
in Butter, Fleisch, Wurstwaren, Eiern, Milch und Milchprodukten.

Ungesättigte Fettsäuren:
im Olivenöl.

Mehrfach ungesättigte Fettsäuren:
in Nüssen, Kernen, Samen und deren Ölen, wie Sonnenblumen-, Raps-, Lein-, Distel- oder Maiskeimöl.

Auch pflanzliche Fettsäuren sind keine Wundermittel Wichtig ist, den Gesamtfettkonsum tief zu halten

Bevorzugen Sie im Übrigen nahrungsfaserreiche Lebensmittel wie Vollkornprodukte, Kartoffeln, Hülsenfrüchte, Gemüse und Früchte. Neben ihrer positiven Wirkung auf das Blutbild versorgen sie den Körper mit wichtigen Vitaminen und Mineralstoffen und sorgen überdies für eine lang anhaltende Sättigung.

Achten Sie bei der Ernährung grundsätzlich auf eine ausgewogene Mischung und auf die ausreichende Zufuhr von Energie-, Nähr- und Schutzstoffen. Die Ernährungspyramide, abgebildet auf **Seite 68**, zeigt Ihnen wie:

Sie ist in fünf, von unten nach oben immer kleiner werdende Abschnitte unterteilt. Befindet sich ein Nahrungsmittel im obersten Abschnitt, wird mengenmässig höchste Zurückhaltung empfohlen, während bei den Nahrungsmitteln umso herzhafter zugegriffen werden darf, je weiter unten in der Pyramide sie aufgeführt sind.

Die Richtlinien der Schweizerischen Vereinigung für Ernährung, die auf **Seite 69** zusammengefasst sind, machen es Ihnen leicht, sich cholesterinarm zu ernähren. Daraus ein Tipp vorweg:

„*Gesünder essen ist keine Kunst*"

Verwenden Sie für die Zubereitung von Salatsaucen sowie zum Andünsten und Anbraten je 1–2 Kaffeelöffel hochwertiges Pflanzenöl (zum Beispiel Oliven-, Sonnenblumen-, Raps- oder Leinöl) pro Person.

Ergänzen Sie Ihre Menüs mit Vollkornprodukten, Hülsenfrüchten, viel Gemüse, Obst und Salat.

Noch mehr Informationen erhalten Sie von Nutrinfo. Von Montag bis Freitag, 8.30 – 12.00 Uhr unter Telefon 031/385 00 08.

Eine Ernährungspyramide als farbiges Poster erhalten Sie von der Schweizerischen Vereinigung für Ernährung, Bürozentrum, Rossfeld, Postfach 545, 3004 Bern. Oder Telefon 031/307 40 49.

Dass das alles nicht nur in der Theorie, sondern auch in der Praxis gut schmeckt, führt Ihnen jetzt Anton Mosimann vor. Kommen Sie bitte mit in seine Küche, es riecht schon ganz verführerisch!

Vorspeisen

Aller Anfang ist leicht

In Restaurants wird mittlerweile als Hauptgang gern eine zweite Vorspeise gewählt. Was zweierlei beweist: Vorspeisen sind meist leichter und sind oft besonders originell. So oder so wecken sie die Sinne, stillen den ersten kleinen Hunger und lassen Vorfreude auf weitere kulinarische Höhepunkte aufkommen.

Anton Mosimann schlägt vier Vorspeisen für alle Jahreszeiten vor, an denen nur eines schwer ist: herauszufinden, welche Ihnen am besten schmeckt.

Filet vom Angusrind

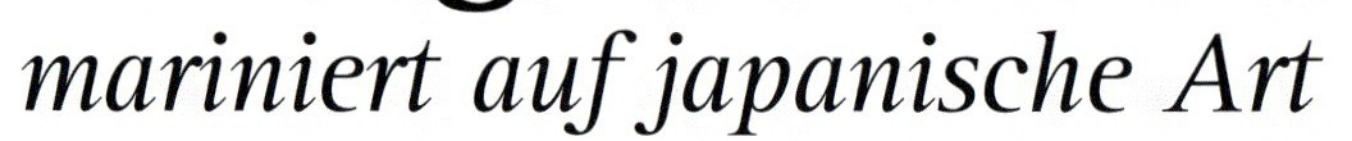

mariniert auf japanische Art

Für 4 Personen:

250 g Filet vom Angusrind, Saft einer Zitrone,
175 g weisse Lauchabschnitte, 75 g Austernpilze,
100 g Frisée- und Eichblattsalat, Salz,
frisch gemahlener Pfeffer, etwas Schnittlauch.

Dressing: 2 EL Sherryessig, 2 EL Weissweinessig,
6 EL Sojasauce, frisch gemahlener Pfeffer.

Das Filet in dünne Scheiben schneiden, die Scheiben einzeln zwischen zwei Klarsichtfolien oder Pergamentpapier legen und hauchdünn klopfen.

Anschliessend die Filetscheiben mit der Hälfte des Zitronensaftes beträufeln und mit etwas Salz und frisch gemahlenem Pfeffer bestreuen.

Die weissen Lauchabschnitte in 4 cm grosse Stücke schneiden und in kochendem, mit dem restlichen Zitronensaft versetztem Salzwasser weich – aber noch mit Biss – garen. Herausheben und auf einem Sieb abtropfen lassen.

Für das Dressing den Sherryessig mit dem Weissweinessig und der Sojasauce verrühren und mit etwas frisch gemahlenem Pfeffer würzen. Darin den gut abgetropften, aber noch warmen Lauch marinieren.

Die in Streifen geschnittenen Austernpilze mit Salz und frisch gemahlenem Pfeffer würzen und in einer beschichteten Pfanne schnell anbräunen.

Die gewaschenen und trocken geschleuderten Salatblätter sowie den marinierten Lauch auf vier Teller verteilen. Die hauchdünnen Filetscheiben vorsichtig daraufsetzen. Mit den noch warmen Streifen von Austernpilzen garnieren, etwas gehackten Schnittlauch darüberstreuen und sofort auftragen.

Mosimanns Hinweis:
Das Dressing nicht salzen, da die Sojasauce bereits genügend Salz enthält.

*„Eine köstliche
Form von Rohkost"*

Tatar vom Steinbutt

mit Tofu

Für 4 Personen:

225 g Steinbuttfilet, 4 EL Zitronensaft, 8 Radieschen, 50 g Schalottenwürfel, 1 EL fein geschnittene Petersilie, 25 g Tofu, 225 g geschälte Gurken, etwas Dill, 1 Prise Cayennepfeffer, Salz, frisch gemahlener Pfeffer.

Das enthäutete Steinbuttfilet sorgfältig nach noch vorhandenen Gräten absuchen und diese mit einer Pinzette entfernen. Danach das Filet fein hacken, in eine Porzellanschale geben, mit 3 Esslöffeln Zitronensaft übergiessen und darin etwa 30 Minuten marinieren. Mehrmals vorsichtig durchmischen.

Inzwischen die Radieschen fein schneiden und mit den Schalottenwürfeln und der Petersilie vermengen.

Den restlichen Zitronensaft mit dem Tofu verquirlen und die Schalotten-Radieschen-Mischung darunterziehen.

Wenn das Fischtatar durch und durch glasig geworden ist, die entstandene Flüssigkeit durch ein Sieb ablaufen lassen und das Tatar unter die Tofumischung heben. Mit einer Prise Cayennepfeffer, Salz und frisch gemahlenem Pfeffer abschmecken.

Die geschälte Gurke in streichholzdünne Streifen schneiden, diese Gurkenjulienne auf den Teller geben und das Tatar daraufsetzen.

Mit fein geschnittenem Dill garnieren. Zusammen mit kleinen Scheiben Vollkorntoast servieren.

Mosimanns Rat:
Immer wenn Fisch nicht gegart, sondern mariniert gegessen wird, muss er von allerbester Qualität und absolut fangfrisch sein.

Spinatsalat

mit Ziegenkäse

Für 4 Personen:

1 rote Peperoni, 250 g frische Spinatblätter, 75 g Weissbrot, 1 Knoblauchzehe, 2 TL Zitronensaft, 1 TL scharfer Senf, 200 g Magermilchjogurt, 40 g Ziegenkäse, 15 g Petersilie, 5 g Basilikum, Salz, frisch gemahlener Pfeffer.

Die Peperoni im Ofen bei sehr hoher Temperatur unter mehrmaligem Wenden rösten. Aus dem Ofen nehmen, wenn die Haut dunkle Flecken aufweist, und 3–4 Minuten mit einem feuchten Küchentuch abdecken. Danach die Peperoni halbieren, die Kerne entfernen und das Fruchtfleisch in feine Streifen schneiden.

Den entstielten Spinat gründlich waschen und auf einem Küchentuch gut abtropfen lassen.

Das Brot in kleine Würfel schneiden und im 200 °C heissen Ofen in etwa 10 Minuten goldbraun rösten. Dann im zerdrückten Knoblauch wenden, bis die Brotwürfel vom Knoblauchgeschmack durchdrungen sind.

Anschliessend den Zitronensaft mit dem scharfen Senf und dem Jogurt verrühren. Den Ziegenkäse klein würfeln und untermischen. Die Sauce mit Salz und frisch gemahlenem Pfeffer abschmecken.

Die Spinatblätter und die Peperonistreifen in eine Salatschüssel geben, die Sauce darübergiessen und den Salat gut mischen.

Mit fein geschnittener Petersilie und Basilikum sowie den Knoblauchcroûtons bestreuen und sofort servieren, bevor die zarten Spinatblätter zusammenfallen.

Mosimanns Meinung:
Der erste Frühjahrsspinat ist besonders köstlich, man kann für diesen Salat jedoch auch zarte Kopfsalatherzen, Endivien oder Radicchio verwenden.

M

„Das macht Appetit auf einen heissen Sommer"

Kalte Gemüsesuppe
mit Basilikum

Für 4 Personen:

900 g Tomatenwürfel, 200 g Gurkenwürfel, 50 g Zwiebelwürfel, 50 g rote Peperoniwürfel, 1 Knoblauchzehe, 25 g Vollkorn-Toastbrot ohne Rinde, 8 TL Rotweinessig, 225 ml Gemüsefond, einige Zweige Oregano, 16 Basilikumblätter, Salz, etwas Olivenöl, frisch gemahlener Pfeffer.

Das gewürfelte Gemüse miteinander vermischen. Die geschälte und zerdrückte Knoblauchzehe sowie das frisch geriebene Vollkorn-Toastbrot zufügen.

Mit dem Weinessig und dem Gemüsefond übergiessen. Den Oregano sowie ein paar Basilikumblätter dazugeben und alles gut miteinander vermischen.

Zugedeckt kühl stellen – am besten über Nacht für etwa 12 Stunden.

Anschliessend im Mixer pürieren, durch ein Sieb streichen und mit Salz und frisch gemahlenem Pfeffer würzen.

Mit den restlichen frischen Basilikumblättern und einigen Spritzern Olivenöl garnieren und gut gekühlt servieren.

Fisch

Mit allen Wassern gewaschen

Früher kam Fisch fast ausschliesslich aus heimischen Seen und Flüssen und zu besonderen Gelegenheiten auf den Tisch, an Frei- und Feiertagen, oder wenn der Magen nach dem Fasten wieder nach leicht Substantiellerem verlangte.

Heute sind Fische aus aller Herren Gewässer zu einem alltäglichen Genuss geworden, nicht nur zur Freude der Feinschmecker, sondern auch der Ernährungswissenschaft, die empfiehlt, ein- bis zweimal pro Woche Fisch auf den Speisezettel zu setzen.

Anton Mosimann, im Sternzeichen der Fische geboren, unterstützt diese Empfehlung mit vier Rezepten. Jedes davon ein guter Fang.

Streifen vom Steinbutt

mit Basilikum

Für 4 Personen:

600 g Steinbutt- oder Heilbuttfilet, 1/2 TL fein gehackte Orangenschale von ungespritzten Früchten, 150 ml Fischfond, 20 g Schalottenwürfel, 80 g geschälte weisse Karotten, 8 Basilikumblätter, 12 Orangenschnitze, Salz, frisch gemahlener Pfeffer.

Die Filets vom Steinbutt oder Heilbutt häuten und in kurze Streifen von etwa 15 Gramm schneiden. Mit Salz und frisch gemahlenem Pfeffer sowie der blanchierten und fein gehackten Orangenschale würzen.

Den Fischfond zusammen mit den Schalottenwürfeln in eine flache Kasserolle geben, zum Kochen bringen und die Hitze reduzieren.

Die gewürzten Fischstreifen einlegen und zwei Minuten pochieren, herausheben und warm halten.

Danach den Fischfond um ein Drittel einkochen.

Die in streichholzdünne Streifen geschnittenen Karotten in den heissen Fond geben und in etwa 30 Sekunden knackig garen. Mit Salz und frisch gemahlenem Pfeffer abschmecken und die Basilikumblätter zufügen.

Etwas vom heissen Fischfond in eine Pfanne abgiessen und darin die sorgfältig enthäuteten Orangenschnitze erhitzen.

Die Steinbutt- oder Heilbuttstreifen in eine vorgewärmte Ragoutschüssel geben, die Karotten darüber anrichten und alles mit dem gut gewürzten Fond überziehen. Mit den warmen Orangenschnitzen umlegen und servieren.

„Wollen Sie damit wirklich bis Freitag warten?"

Filet vom Wildlachs
mit Brunnenkresse

Für 4 Personen:

500 g Lachsfilet, 15 g Schalottenwürfel,
250 ml Fischfond, Salz, Schnittlauch,
frisch gemahlener Pfeffer.

Hechtmousseline: 1 Bund Brunnenkresse,
150 g Hecht- oder Steinbuttfilet, 1 Eiweiss,
150 g Fromage blanc, Salz, frisch gemahlener Pfeffer.

Für die Mousseline die gewaschene Brunnenkresse entstielen. Die abgepflückten Blätter kurz in kochendem Salzwasser blanchieren und in eiskaltem Wasser abschrecken, abtropfen lassen und trockentupfen.

Das Hecht- oder Steinbuttfilet gut durchkühlen, dann zusammen mit der Brunnenkresse im Mixer pürieren. Das ebenfalls durchgekühlte Eiweiss sowie eine Prise Salz zufügen und weiter im Mixer durcharbeiten, bis die Masse glatt und geschmeidig ist.

Danach die Masse in einer Metallschüssel auf Eis setzen und nach und nach den durchpassierten Fromage blanc mit einem Holzlöffel einrühren. Mit Salz und frisch gemahlenem Pfeffer würzen, auf Eis bis zur Weiterverwendung stehen lassen.

Anschliessend das Lachsfilet in vier gleichmässige Stücke teilen. Mit Salz und frisch gemahlenem Pfeffer würzen und auf jedes je ein Viertel der Hechtmousseline streichen.

Eine flache, feuerfeste Form mit den Schalottenwürfeln bestreuen. Darauf die Lachsfilets – mit der unbestrichenen Seite nach unten – setzen und mit dem Fischfond umgiessen.

Mit Alufolie abdecken und im Ofen bei 100 °C etwa 5–7 Minuten pochieren. Danach die Filets herausheben und warm halten.

Den Pochierfond in einen kleinen Saucentopf umfüllen. Schnell auf die Hälfte einkochen, durchpassieren und abschmecken.

Die Lachsfilets auf vier vorgewärmte Teller verteilen, mit Schnittlauch garnieren und mit der Sauce umgiessen.

Heilbuttfilet

mit zwei Saucen

Für 4 Personen:

2 grosse gelbe und 2 grosse rote Peperoni, 25 g Schalottenwürfel, 2 kleine Knoblauchzehen, einige Zweige Thymian, 1 l Fischfond, 4 Heilbuttfilets von je 150 g, Salz, frisch gemahlener Pfeffer.

Die Peperoni waschen, die Stielansätze und das Kerngehäuse entfernen, dann – nach Farbe getrennt – in Stücke schneiden.

Die gewürfelten Schalotten zusammen mit den zerdrückten Knoblauchzehen in einer beschichteten Pfanne glasig dünsten. Anschliessend gleichmässig auf zwei Töpfe verteilen.

Die roten Peperoni in den einen, die gelben in den anderen Topf geben und mit etwas frischem Thymian bestreuen. Je 300 ml Fischfond angiessen und zugedeckt etwa 15 Minuten über geringer Hitze kochen, bis die Peperonistücke weich sind.

Anschliessend getrennt pürieren und durch ein feines Sieb passieren. Mit Salz und frisch gemahlenem Pfeffer abschmecken.

Die 4 Heilbuttfilets mit Salz und frisch gemahlenem Pfeffer würzen und in einem Siebeinsatz über den restlichen 400 ml Fischfond etwa 4–5 Minuten dämpfen.

Vier vorgewärmte Teller je zur Hälfte vorsichtig mit der roten und der gelben Peperonisauce ausgiessen, je 1 Heilbuttfilet darauf anrichten und sofort servieren.

Mosimanns Erfahrung:
Saucen aus püriertem Gemüse passen vorzüglich zu Fischgerichten, da ihr natürlicher Geschmack den des Fisches nicht überdeckt und ihre Farbe einen reizvollen Kontrast zum weissen Fischfleisch bildet.

„Das Beste vom Lachs und von der Forelle"

Lachsforellensteak

gegart im eigenen Saft

Für 4 Personen:

675 g Lachsforellenfilet, 40 g Zwiebeln,
50 g Karotten, 65 g weisser Lauch,
100 g weisse, feste Champignons, 16 Estragonblätter,
8 EL Fischfond, Salz, frisch gemahlener Pfeffer.

Die gehäuteten Lachsforellenfilets sorgfältig nach Gräten absuchen und diese mit einer Pinzette entfernen. Die Filets in 4 Steaks zerteilen und mit Salz und frisch gemahlenem Pfeffer würzen.

Das gründlich gesäuberte Gemüse in feine Juliennestreifen schneiden.

In einer beschichteten Pfanne die Zwiebelstreifen glasig anschwitzen. Die Karotten- und Lauchstreifen zufügen und weitere 2 Minuten sautieren.

Zuletzt die Pilzscheiben darunterheben und nochmals 1 Minute andünsten. Mit 4 Estragonblättchen sowie mit Salz und frisch gemahlenem Pfeffer würzen.

Gemüsestreifen auf vier vorbereitete Pergamentbögen – jeder etwa dreimal so gross wie ein Steak – verteilen.

Die Lachsforellensteaks auf die Gemüsestreifen legen und mit den restlichen Estragonblättern und etwas Gemüse belegen.

Auf jedes Steak etwa zwei Esslöffel Fischfond träufeln und die Pergamentbögen so fest zu Taschen falten, dass während des Garens keine Flüssigkeit ausfliessen kann.

Auf einem Backblech im mässig warmen Ofen bei 160 °C etwa 10 Minuten garen.

Mosimanns Tipp:
Die Lachsforellensteaks «en papillote», also noch eingehüllt, auftragen und erst am Tisch öffnen, damit nichts vom feinen Aroma verloren geht.

Fleisch

Das Ah! und Oh! des Essens

Wer vegetarisch kocht und isst, soll dieses Kapitel einfach überschlagen. Anton Mosimann, von dem es auch ein rein vegetarisches Kochbuch gibt, wird darüber nicht böse sein.

Aber alle anderen, die fleischlichen Genüssen, seien sie vom Kalb, Rind, Geflügel oder Wild, nicht abgeneigt sind, können sich freuen: Mosimann erweist sich mit vier Vorschlägen auch als grosser Meister des Fleischfachs.

Als Verfechter einer fettarmen Küche hält er sich in seiner «Cuisine naturelle» strikt an mageres Fleisch und Geflügel. Tun Sie es ihm gleich, Sie werden nichts vermissen.

Kalbsmedaillons

mit frischem Gemüse

Für 4 Personen:

8 Kalbsmedaillons von je 65 g, 100 g geputzte Karotten, 100 g geputzte Schwarzwurzeln, 50 g kleine Kefen, 50 g feine Böhnchen, 200 g Fromage blanc, 150 g fettarmes Jogurt, 25 g fein geschnittener Schnittlauch, Salz, frisch gemahlener Pfeffer.

Die Kalbsmedaillons mit etwas Salz und frisch gemahlenem Pfeffer würzen.

Eine beschichtete Pfanne erhitzen, die Medaillons einlegen und von jeder Seite 2–3 Minuten braten. Sie sollen im Kern noch zartrosa sein. Aus der Pfanne nehmen und warm halten.

Inzwischen die geschälten Karotten in 5 cm lange Stifte schneiden, 20 Sekunden in kochendem Salzwasser blanchieren und kalt abschrecken. Die geschälten Schwarzwurzeln ebenfalls in 5 cm lange Stifte schneiden und ebenfalls 20 Sekunden blanchieren.

Die geputzten Kefen in etwa 4–5 cm lange Stücke schneiden und 10 Sekunden blanchieren. Die geputzten feinen Böhnchen ebenfalls 10 Sekunden blanchieren.

Die blanchierten Gemüsestreifen zwischen zwei Lagen Küchenpapier trocken tupfen und in derselben Pfanne wie die Kalbsmedaillons eine gute Minute sautieren. Mit etwas Salz und frisch gemahlenem Pfeffer würzen.

Über geringer Hitze den Fromage blanc zusammen mit dem Jogurt, am besten mit einem elektrischen Schnellmixer, zu einer schaumigen Sauce aufschlagen. Diese Sauce mit etwas Salz und frisch gemahlenem Pfeffer würzen und den fein geschnittenen Schnittlauch einstreuen.

Je 2 Medaillons auf vorgewärmten Tellern anrichten, mit der Sauce umgiessen und mit Gemüse und Schnittlauch garnieren.

„So gewinnt Kalbfleisch mit Leichtigkeit eine Medaille"

Mistkratzerli

mit feinem Gemüse vom Grill

Für 4 Personen:

4 Mistkratzerli von je 350 g, 200 g grüne und gelbe Zucchini, 100 g junger Lauch, 8 kleine Tomaten, Salz, frisch gemahlener Pfeffer, etwas Thymian.

Die küchenfertig vorbereiteten Mistkratzerli dem Rückgrat entlang aufschneiden, aufklappen und flach drücken. Die Rückenknochen auslösen und von beiden Seiten mit etwas Salz und frisch gemahlenem Pfeffer bestreuen.

Danach bei Mittelhitze etwa 10–12 Minuten grillen. Inzwischen den nur fingerdicken Lauch in kleine Abschnitte und die Zucchini ungeschält in dünne Streifen schneiden.

Das Gemüse einzeln flach in einer ofenfesten Form anordnen und bei mässiger Hitze 5–8 Minuten grillieren, bis es gar ist. Danach mit etwas Salz und frisch gemahlenem Pfeffer bestreuen.

Die gegrillten Mistkratzerli auf vier vorgewärmte Teller verteilen, mit dem Gemüse umlegen und mit Thymian bestreuen.

Rehmedaillons

mit frischen Preiselbeeren

Für 4 Personen:

12 Rehmedaillons von je 40 g,
50 ml Orangensaft, Saft von $^{1}/_{2}$ Zitrone, 2 TL Honig,
200 g grosse Preiselbeeren, 50 g Schalottenwürfel,
300 g geputzte kleine Pfifferlinge, 300 ml Wildfond,
1 TL fein gehackter frischer Thymian,
1 TL fein geschnittener Salbei,
Salz, frisch gemahlener Pfeffer.

Die Rehmedaillons – aus den kleinen Filetsträngen von der Unterseite des Rückens geschnitten – von beiden Seiten mit etwas Salz und frisch gemahlenem Pfeffer würzen.

Unter dem vorgeheizten Grill bei hoher Temperatur von beiden Seiten je 1 Minute grillieren. Herausnehmen und warm halten.

Anschliessend den Orangen- und Zitronensaft mit dem Honig vermischen und zum Kochen bringen.

Dic gewaschenen Preiselbeeren einrühren und auf geringer Hitze 30 Sekunden kochen lassen.

Die Schalottenwürfel in einer beschichteten Pfanne unter ständigem Rühren glasig anschwitzen.

Die geputzten, kurz gewaschenen und trockengetupften Pfifferlinge zufügen und 2 Minuten sautieren, danach abschmecken.

Inzwischen den Wildfond auf die Hälfte einkochen. Anschliessend die fein geschnittenen Kräuter einrühren und die Sauce abschmecken.

Je drei Rehmedaillons auf vier vorgewärmten Tellern platzieren, jedes mit 1 Teelöffel warmen Preiselbeeren belegen und die Sauce darübergeben. Mit den Pfifferlingen garnieren und servieren.

„Schmeckt nach Wild, Wald und Herbst – und nach mehr"

Gratiniertes Filetsteak
mit Rosmarin

Für 4 Personen:

4 Rind-Filetsteaks von je 150 g, 20 g Schalottenwürfel, 1 TL fein gehackter Knoblauch, 400 ml brauner Kalbsfond, 75 g frische Brotkrumen, 2 TL geschnittene Petersilie, 2 TL gehackter Rosmarin, Saft von 1/2 Zitrone, 2 TL mittelscharfer Senf, 400 g Blattspinat, 200 g Steinpilze, Salz, frisch gemahlener Pfeffer.

Die Filets in eine schöne runde Form drücken, mit Salz und frisch gemahlenem Pfeffer würzen.

In einer heissen beschichteten Pfanne von jeder Seite 2 Minuten anbraten. Die Filets aus der Pfanne nehmen und warm halten.

Anschliessend die Schalottenwürfel und den Knoblauch in die Pfanne geben, bei reduzierter Hitze unter ständigem Rühren glasig anschwitzen.

Den braunen Kalbsfond zugiessen und schnell auf die Hälfte einkochen.

In der Zwischenzeit die frischen Brotkrumen mit den fein geschnittenen Kräutern und dem Zitronensaft vermischen.

Die Oberseite der Filets mit etwas Senf bestreichen und mit der Kräutermischung belegen.

Danach die Filets unter den vorgeheizten Grill legen und in etwa 2 Minuten goldbraun überbacken.

Inzwischen den Blattspinat kurz in kochendem Salzwasser blanchieren und die in Streifen geschnittenen Steinpilze anbraten.

Die Pilze unter den Spinat heben, mit etwas Salz und Pfeffer abschmecken und auf die vier vorgewärmten Teller verteilen. Die Filets darauflegen und mit der abgeschmeckten Sauce umgiessen.

Mosimanns Ergänzung:
Die Filets kann man nach Belieben auch mit anderen Gemüsen wie Broccoli und jungen Karotten garnieren.

Gemüse

Geniessen, was die Natur hergibt

Bekamen auch Sie Blumenkohl, Kartoffeln und Lauch früher stets mit einem mütterlichen «Gemüse ist gesund» vorgesetzt? Auch wenn es uns deswegen kaum besser schmeckte, müssen wir in Übereinstimmung mit Ernährungswissenschaftlern heute zugeben: Unsere Mütter hatten Recht. Aber dass wir jetzt Gemüse täglich und frohen Herzens geniessen, liegt natürlich auch an der raffinierter gewordenen Art und Weise, Gemüse zuzubereiten.

Anton Mosimann, der Gemüse nie stiefmütterlich behandelt hat und sich auf Märkten von ihren Farben, Formen und Düften laufend zu neuen Kreationen für seine «Cuisine naturelle» inspirieren lässt, hat vier Rezepte ausgesucht, die den Gaumen und das Auge gleichermassen entzücken.

Gratinierter Chicorée

mit Champignons

Für 4 Personen:

4 gr. Stangen Chicorée, 150 g kl. feste Champignons, 100 ml heller Geflügel- oder Gemüsefond, 2 TL Zitronensaft, 1 TL Honig, 100 g Frühlingszwiebeln, 50 g geriebener magerer Käse, Salz, frisch gemahlener Pfeffer.

Die Chicoréestangen waschen, am unteren Ende etwa 1 cm abschneiden, in einzelne Blätter auseinanderbrechen und diese in einen flachen Topf geben.

Die festen, nur etwa knopfgrossen Champignons putzen, waschen und trockentupfen. Ebenfalls in einen flachen Topf geben.

Den Fond mit dem Zitronensaft verrühren und sowohl über den Chicorée als auch die Champignons geben. Nur den Chicoréefond mit Honig süssen.

Die Chicoréeblätter auf grosser Flamme 1–2 Minuten kochen, bis sie gerade weich sind. Aus dem Fond heben, abtropfen lassen und in eine flache Gratinplatte legen.

Den Chicoréefond rasch auf etwa 1 EL einkochen und über die Chicoréeblätter geben.

Die Frühlingszwiebeln in kleine Streifen schneiden und kurz in kochendem Salzwasser blanchieren.

Inzwischen die Champignons auf grosser Flamme kochen lassen, bis die Flüssigkeit gänzlich verdunstet ist.

Danach die Champignons mit den Frühlingszwiebeln über den Chicorée geben und mit etwas Salz und frisch gemahlenem Pfeffer würzen.

Zum Schluss mit dem geriebenen Käse bestreuen und unter dem vorgeheizten Grill goldbraun überbacken.

„So gratiniert schmeckt's garantiert"

Karotten- und Spinatmousseline

Für 4 Personen:

Karottenmousseline: 225 g geschälte Karotten, 4 EL Tofu, 1 Eiweiss, Salz, frisch gemahlener Pfeffer.

Spinatmousseline: 225 g entstielter Blattspinat, 1 Eiweiss, 6–7 EL Tofu, geriebene Muskatnuss, Salz, frisch gemahlener Pfeffer.

Weitere 12 Karotten, 12 Böhnchen und etwas Kerbel zur Dekoration.

Die geschälten Karotten in dünne Scheiben schneiden, in wenig kochendem Salzwasser 3–4 Minuten weich kochen und danach in einem Sieb abtropfen lassen.

Den Tofu zusammen mit den abgetropften Karotten im Mixer oder mit dem Schnellmixstab pürieren und mit Salz und frisch gemahlenem Pfeffer abschmecken.

Das Eiweiss schlagen, bis es weiche Spitzen bildet, und unter das Karottenpüree ziehen.

Den entstielten Spinat waschen und ohne Wasserzugabe auf kleiner Flamme dünsten, bis er weich und die gesamte Flüssigkeit verdampft ist.

Den Spinat mit dem Tofu pürieren und mit geriebener Muskatnuss, etwas Salz und frisch gemahlenem Pfeffer abschmecken.

Das zweite Eiweiss ebenfalls schlagen, bis es weiche Spitzen bildet, und unter das Spinatpüree ziehen.

Die Karottenmasse gleichmässig in vier kleine zylindrische Förmchen mit Antihaftbeschichtung verteilen und die Spinatmasse darauf streichen.

Die Förmchen mit Folie verschliessen und im Wasserbad im vorgeheizten Ofen bei 180 °C etwa 25–30 Minuten pochieren, bis sich die Masse fest anfühlt.

Etwas abkühlen lassen, auf eine flache Platte stürzen und mit den kurz blanchierten Karotten und Böhnchen servieren.

Kartoffelgratin

mit Ziegenkäse

Für 4 Personen:

400 g mittelgrosse Kartoffeln, 1 kleine Knoblauchzehe, 200 ml Gemüsefond, 80 g Ziegenfrischkäse, etwas Thymian, Salz, frisch gemahlener Pfeffer.

Die geschälten, möglichst gleichmässig grossen Kartoffeln waschen und in 3 mm dicke Scheiben schneiden. Auf einem sauberen Küchentuch ausbreiten und trockentupfen. Mit Salz und frisch gemahlenem Pfeffer würzen.

Eine Gratinplatte mit der halbierten Knoblauchzehe ausreiben und die Kartoffeln einschichten.

Den Gemüsefond zugeben und im auf 190 °C vorgeheizten Ofen etwa 30 Minuten garen lassen, bis die Kartoffeln die Flüssigkeit aufgesogen haben und weich sind.

Ungefähr 5 Minuten vor Ablauf der Garzeit den zerkrümelten Ziegenkäse und etwas Thymian über die Kartoffeln streuen, zurück in den Ofen geben und goldbraun überbacken.

Mosimanns Empfehlung:
Diese überbackenen Kartoffeln mit der pikanten Note des Ziegenkäses sind eine passende Beilage zu grilliertem Fleisch. Man kann statt Ziegenkäse auch jeden anderen fettarmen Käse verwenden.

„Das angewandte Prinzip von Hülle und Fülle"

Spinatgefüllte Tomaten

an gelber Peperonisauce

Für 4 Personen:

12 mittelgrosse reife Tomaten, 60 g fein gehackte Schalotten, 600 g entstielter Spinat, 150 g magerer Hüttenkäse, Muskatnuss, etwas frischer Kerbel, Salz, frisch gemahlener Pfeffer.

Sauce: 2 mittelgrosse gelbe Peperoni, 1 EL Schalottenwürfel, 1 kleine Knoblauchzehe, einige Zweige frischer Thymian, 400 ml Gemüsefond, 1 Prise Zucker, Salz, frisch gemahlener Pfeffer.

Die Tomaten am Stielende aufschneiden, mit einem Teelöffel aushöhlen und innen leicht salzen.

Die fein gehackten Schalotten in einer beschichteten Pfanne unter ständigem Rühren glasig anschwitzen.

Den Spinat in kochendem Salzwasser blanchieren, abschrecken und gut ausdrücken. Dann grob hacken, zu den Schalottenwürfeln in die Pfanne geben und etwa zwei Minuten sautieren.

Den Hüttenkäse einrühren und mit Salz, geriebener Muskatnuss und frisch gemahlenem Pfeffer würzen.

Die Tomaten mit der Spinatmischung füllen, in eine feuerfeste Form setzen und mit Alufolie abdecken. Im warmen Ofen bei 180 °C 4–5 Minuten erhitzen.

Für die gelbe Peperonisauce die gewaschenen und entkernten Peperoni in breite Streifen schneiden.

Die Schalottenwürfel zusammen mit der zerdrückten Knoblauchzehe in einer beschichteten Pfanne über mässiger Hitze anschwitzen, ohne zu bräunen. Dann Peperoni, Thymian und Gemüsefond zufügen und ohne Deckel 20 Minuten über geringer Hitze kochen lassen, bis die Peperoni weich sind. Im Mixer oder mit dem Schnellmixstab pürieren, durch ein Sieb passieren und mit einer Prise Zucker, etwas Salz und frisch gemahlenem Pfeffer abschmecken.

Vier vorgewärmte Suppenteller mit der Sauce ausgiessen, je drei Tomaten darauf setzen und mit etwas gezupftem Kerbel garnieren.

Desserts

Ende gut, alles gut

Die Erinnerung an ein gutes Essen wird nicht zuletzt von dem Gang bestimmt, der es abschliesst. Es lohnt sich also, sich für den Nachtisch ganz besondere Mühe zu geben. Wenn Sie diesen Rat beherzigen, werden Ihre Kochkünste schon bald unvergesslich sein.

Anton Mosimann hilft Ihnen dabei mit seinen folgenden Rezepten. Alle vier beweisen, dass sich sowohl aus einheimischen als auch aus exotischen Früchten und Beeren das ganze Jahr über luftige und originelle Desserts zaubern lassen.

Frisches Apfelpüree

mit Dattelstreifen

Für 4 Personen:

675 g aromatische Äpfel (geschält und entkernt gewogen), 1 1/2 EL Zitronensaft, 2 EL Wasser, 3–5 EL Honig, 100 g Datteln, 4 Feigen, 1 EL Pinienkerne, frische Pfefferminzblätter für die Garnitur.

Die geschälten Äpfel vom Kerngehäuse befreien und in dünne Scheiben schneiden.

Die Apfelscheiben mit dem Zitronensaft und etwa 2 Esslöffeln Wasser in einen Topf geben. Zugedeckt auf geringer Hitze in 10–15 Minuten weich dünsten, dabei mehrmals umrühren.

Die gedünsteten Äpfel durch ein Sieb passieren und den Honig einrühren.

Die Schalen von den Datteln entfernen und entkernen. Die Feigen waschen und mit den Datteln in Streifen schneiden. Anschliessend in das Apfelpüree einrühren.

Die Pinienkerne in einer beschichteten Pfanne unter ständigem Rühren hellbraun rösten.

Das Püree nach Belieben gut gekühlt oder warm in Schälchen servieren. Mit den gerösteten Pinienkernen bestreuen und den Pfefferminzblättern garnieren.

Mosimanns Trick:
Ein ganz einfaches, aber köstliches Dessert, dessen Reiz in der ausgefallenen Zusammenstellung der Zutaten liegt. Pinienkerne sollten stets leicht geröstet werden, damit sich ihr Aroma besser entfaltet.

„Diese Beeren ernten
heisse Komplimente"

Jogurt-Fruchtglace

mit frischen Beeren

Für 4 Personen:

225 g vorbereitete Beeren (Erdbeeren, Himbeeren und Johannisbeeren) für die Glace,
2 EL Limonensaft, 75 g fettarmes Jogurt,
75 g feiner Zucker, 75 g Quark, Puderzucker, einige Pfefferminzblättchen und etwa 100 g zusätzliche Beeren zur Dekoration.

Die Beeren mit dem Limonensaft im Mixer pürieren und anschliessend durch ein Sieb streichen.

Das Jogurt mit dem Zucker verquirlen und mit dem Beerenpüree mischen.

Danach den Quark geschmeidig rühren und vorsichtig unter die Mischung ziehen.

Entweder in einer Eismaschine oder aber in einer Edelstahlschüssel im Tiefkühler gefrieren, dabei von Zeit zu Zeit kräftig durchrühren.

Die Glace mit Beeren und Pfefferminzblättchen dekorieren, etwas Puderzucker aufstreuen und servieren.

Mosimanns Erkenntnis:
Je nach Saison lässt sich aus nahezu allen Beeren und Früchten eine phantastische Glace zaubern.

Kirschtimbale

mit Orangensauce

Für 4 Personen:

150 g entsteinte Süsskirschen, 25 g Zucker, 150 g fettarmes Jogurt, 3 Blatt Gelatine, 2 EL Wasser, 200 g Quark, 8 Kirschen als Garnitur.

Orangensauce: 150 ml frisch gepresster Orangensaft, 25 g Zucker, dünn abgeschälte Rinde einer unbehandelten Orange.

Die entsteinten Süsskirschen mit Zucker im Mixer pürieren. Das Jogurt dazuschütten und einmixen.

Die Gelatineblätter in kaltem Wasser einweichen, ausdrücken, in 2 EL Wasser über geringer Hitze auflösen und danach in die Kirschmasse einrühren. Zuletzt den Quark zugeben.

Die Masse in vier kleine Formen füllen, mit Folie bedecken und im Kühlschrank fest werden lassen.

Für die Sauce den Orangensaft, den Zucker und die in feine Juliennestreifen geschnittene Orangenschale in einen kleinen Topf geben. Vorsichtig erhitzen, bis sich der Zucker aufgelöst hat, dann langsam auf etwa 100 ml einkochen und kalt werden lassen.

Die Timbaleförmchen kurz in heisses Wasser tauchen und danach auf vier Teller stürzen. Mit der Orangensauce umgiessen und mit einer frischen Kirsche garnieren.

„Es Mousse nicht immer Chocolat sein!"

Mango- und Traubenmousse

Für 4 Personen:

600 g vollreifes Mangofruchtfleisch, 300 g blaue oder weisse Trauben, 150 g fettarmes Jogurt, 175 g Quark, 2 EL Zucker, 25 g Mandelblätter, einige Pfefferminzblättchen zur Dekoration.

Das Fruchtfleisch vorsichtig aus der Mango lösen und in kleine, gleichmässige Würfel schneiden. Die Trauben waschen, abtropfen lassen, halbieren und die Kerne entfernen.

Die ausgehöhlten Mangohälften, einige Trauben und Mangowürfel für die Garnitur beiseite legen.

Das Jogurt mit dem Quark und Zucker verquirlen, am besten mit dem Schnellmixstab. Trauben und Mangowürfel unter die Jogurtmasse ziehen und im Kühlschrank etwa 2 Stunden durchkühlen. Inzwischen die Mandelblätter in einer beschichteten Pfanne anrösten und abkühlen lassen.

Unmittelbar vor dem Anrichten die gerösteten Mandelblätter unter die Mousse ziehen, die anschliessend in vier Mangohälften verteilt wird. Mit einigen halbierten Trauben und Mangowürfeln bestreuen, einem Pfefferminzzweig dekorieren und sofort servieren.

Ernährungsrichtlinien

der Schweizerischen Vereinigung für Ernährung

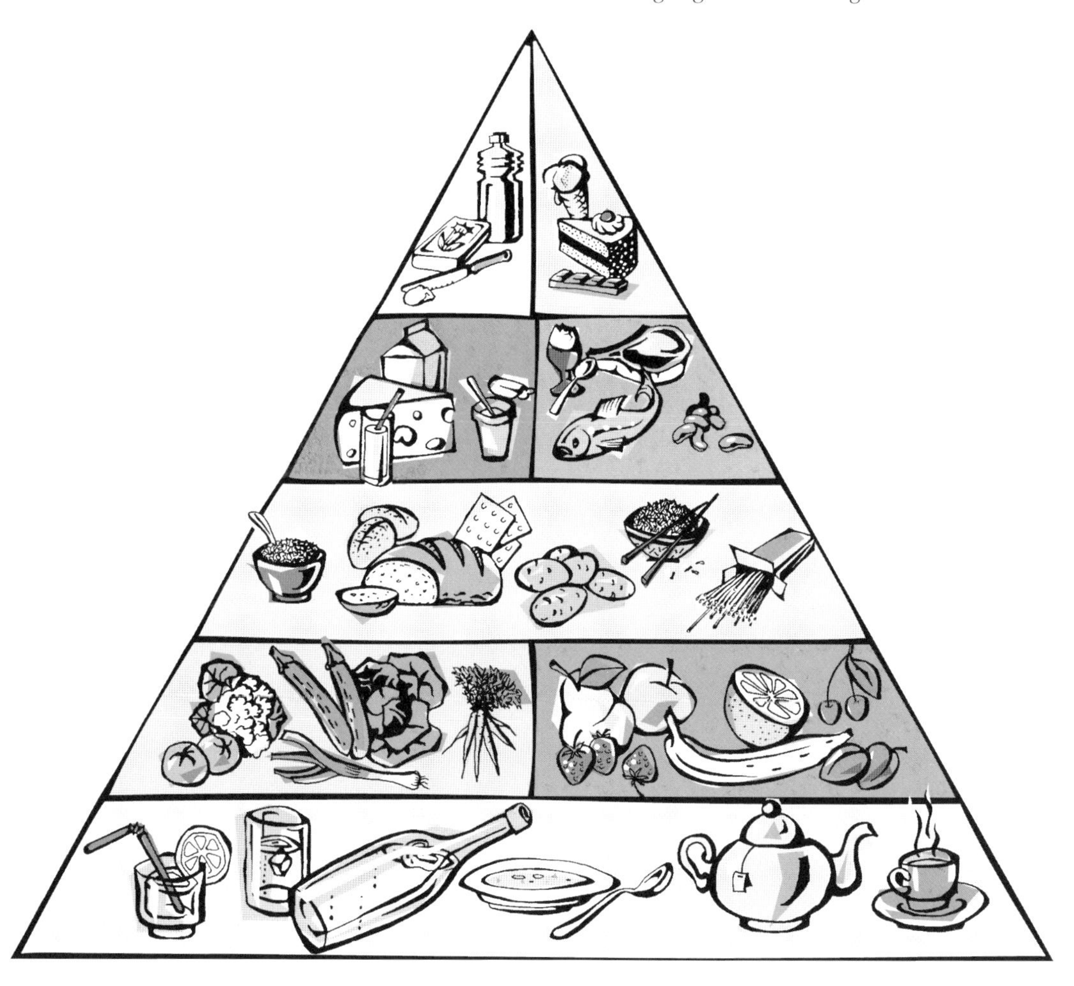

Die Ernährungspyramide erhalten Sie als farbiges Poster von der
Schweizerischen Vereinigung für Ernährung, Bürozentrum, Rossfeld, Postfach 545, 3004 Bern. Oder Telefon 031/307 40 49

Prinzipiell:
Sehr fettreiche Speisen höchstens einmal pro Woche (z.B. Frittiertes, Paniertes, Käsespeisen, Rösti, Wurst oder Aufschnitt, Rahmsauce, Kuchen- oder Blätterteig, Patisserie, Schokolade).

Süssigkeiten:
Max. 1x/Tag eine kleine Portion (z.B. 1 Schokoriegel, 1 Patisserie, 1 Glace).

Fette und Öle:
Max. 2 TL/Tag (10 g) hochwertiges unerhitztes Pflanzenöl (Sonnenblumen-, Distel-, Maiskeim-, Oliven- oder Rapsöl) für Dips oder Salatsaucen.
Max. 2 TL/Tag (10 g) Bratfett bzw. hochwertiges Öl (Erdnuss- oder Olivenöl) für die Zubereitung.
Max. 2 TL/Tag (10 g) Streichfett (Butter oder Margarine).

Fleisch, Fisch, Meeresfrüchte und Eier:
2–4x/Woche möglichst fettarmes Fleisch (80–120 g).
Davon max. 1x/Woche Gepökeltes (Schinken, Wurst, Speck).
Davon max. 1x/Monat Innereien (80–120 g).
1–2x/Woche Fisch (100–120 g).
Davon max. 1x/Monat Meeresfrüchte.
Max. 2 Eier/Woche (inkl. Eier in fertigen Speisen).

Hülsenfrüchte, Hülsenfruchtprodukte:
1–2 Portionen/Woche.

Milch und Milchprodukte:
2–3 Portionen/Tag, bevorzugt fettreduzierte Produkte.

Getreideprodukte, Teigwaren und Kartoffeln:
Mind. 3 Portionen/Tag, bevorzugt Vollkornprodukte.

Obst und Gemüse:
2–3 Portionen Früchte/Tag, möglichst roh.
3–4 Portionen Gemüse/Tag, mindestens 1x roh.

Getränke:
Mind. 1,5 Liter Flüssigkeit/Tag, bevorzugt ungezuckert.
Alkoholika max. 1–2 Gläser Wein oder Bier/Tag.

Impressum

Konzept und Realisation: Scotti healthcom AG, Zürich

Rezepte: Anton Mosimann, London

Text: Rolf Preisig, Zürich

Fachliche Beratung: Schweizerische Vereinigung für Ernährung, Bern
Franziska Uhlmann, dipl. Ernährungsberaterin SRK

Fotos: Dirk Olaf Wexel, Hamburg,
Assistenz: Wolfgang Egberts, Hamburg

Reprografie: nievergelt.pps ag, Zürich

Druck: Speck Print AG, Zug

Buchhandelsvertrieb: Werd Verlag, Zürich

Herausgeber: Pfizer AG, Zürich

ISBN 3-85932-355-5

Weitere Informationen zum Thema:

Schweizerische Vereinigung für Ernährung
Effingerstrasse 2, Postfach 8333, CH-3001 Bern

Informationsdienst Nutrinfo (+41) 031/385 00 08
Montag bis Freitag, 8.30–12.00 Uhr

www.sve.org
www.cholesterininfo.ch
www.mosimann.com
www.werdverlag.ch

Dieses Buch wurde auf chlorfrei gebleichtem Papier gedruckt.